Acima de Tudo

Brennan Manning

Acima de Tudo

Prefácio por
Michael W. Smith

São Paulo / 2012

Título original: *Above All*
Copyright © 2003 by Brennan Manning
Copyright © 2012 by Novo Século Editora Ltda.

First published by Integrity Publishers, a Integrity Media,
Inc division, Brentwood, TN, USA.
All rights reserved.

Coordenação Editorial: Mateus Duque Erthal
Tradução: Idiomas & Cia
Preparação: Aline Câmara
Diagramação: Luciana Inhan
Revisão: Jonathan Busato
Capa: Adriano de Souza

Dados Internacionais de Catalogação na Publicação (CIP)
(Câmara Brasileira do Livro, SP, Brasil)

Manning, Brennan
  Acima de tudo / Brennan Manning ; prefácio por
Michael W. Smith ; [tradução Idiomas & Cia]. --
Barueri, SP : Ágape, 2012.

  Título original: Above all

  1. Jesus Cristo - Pessoa e missão I. Smith,
Michael W. II. Título.

12-08373   CDD-232

Índices para catálogo sistemático:
1. Jesus Cristo : Pessoa e missão 232

2012
Publicado com autorização. Nenhuma parte desta publicação pode ser
reproduzida sem a devida autorização da Editora.
EDITORA ÁGAPE
Al. Araguaia, 2190 - 11º andar - Conj. 1112
CEP 06455-000 - Alphaville Industrial, Barueri - SP
Tel. (11) 2321-5080 – Fax (11) 2321-5099
www.editoraagape.com.br

Para minhas enteadas, Simone e Nicole,
que nos últimos trinta anos me amaram
em momentos de dificuldade.

AGRADECIMENTOS

Gostaria de expressar minha sincera gratidão a Joey Paul, por me pedir para escrever este livro; a Jennifer Stair, por sua edição cuidadosa e coerente; e a Michael W. Smith, alguém que não apenas canta, mas *grita* o evangelho com sua vida.

Eu sempre soube, de forma inata, que algo maior, melhor e mais vasto que qualquer coisa que eu conhecia na Terra, de algum modo, controlava tudo isso.

SUMÁRIO

Prefácio por Michael W. Smith 13

Introdução 17

PARTE UM:
ACIMA DE TODAS AS COISAS 21

1 Jesus Cristo, governador de tudo 25

2 Vendo Jesus para além de nossas distorções 33

3 O Cristo Infinito é íntimo 45

PARTE DOIS:
PENSASTE EM MIM ACIMA DE TUDO 57

4 Um relacionamento de amor com o Salvador
Crucificado 61

5 Nossa confiança através da humilhação de Cristo 69

6 A presença transformadora do Senhor Ressurreto ... 79

Notas 91

PREFÁCIO

Por Michael W. Smith

Desde o primeiro momento em que minha mente foi capaz de processar qualquer coisa que definisse a grandeza de Deus, acreditei nela.

Eu sempre soube, de forma inata, que algo maior, melhor e mais vasto que tudo que eu conhecia na Terra, de algum modo, controlava tudo isso. Eu acreditava na majestade de Deus antes mesmo de compreender o Seu reino. Acreditava na bondade de Deus antes mesmo que pudesse experimentá-la. Acreditava na Sua existência, no Seu poder, na Sua presença e na Sua grandeza.

Mas foi somente quando descobri uma preciosidade, o livro *O Evangelho maltrapilho*, de Brennan Manning, que uma crença ainda mais profunda atingiu-me em cheio: eu era amado. Eu estava ao alcance deste grande Deus que governava o universo. Eu estava seguro na palma da mão daquele que criou todas as coisas. Não é exagero dizer que as verdades que Brennan trouxe à vida naquele livro trouxeram-me de volta à vida. Pela primeira vez, eu realmente acreditava, ou melhor, aceitava que Deus me amava mais completamente do que eu jamais pudera imaginar. Noite após noite, durante o último ano, tive o privilégio de estar em um palco cercado de grandes multidões de irmãos, adorando ao Senhor juntamente com eles através desta música. E embora cada noite tenha sido única e maravilhosa a seu modo, não tenho vergonha de dizer que quando dávamos início à canção tema deste livro, eu era impactado novamente.

Ele assumiu a culpa
E pensou em mim
Acima de tudo

Para mim, essa música representou uma união perfeita entre a verdade que eu conhecia desde a infância, as extraordinárias revelações que descobri através dos escritos de Brennan Manning e a sensação maravilhosa que me invade cada vez que canto *Acima de Tudo*. Jamais poderei refazer-me da atordoante verdade de saber que Jesus, o criador e governador de todas as coisas, curvou-se o bastante para me recolher em Seus braços e levar-me até à plenitude do Seu amor e da Sua glória. Nada pode ser mais maravilhoso do que isso.

Agradeço a Deus todos os dias pelo precioso dom da salvação, e também pelas pessoas maravilhosas que Ele destinou para levar esta mensagem ao mundo. Por Brennan Manning, cujas palavras trouxeram – e continuam a trazer – um novo alento à minha alma. Por Lenny LeBlanc e Paul Baloche, os brilhantes compositores que escreveram esta linda canção e inspiram-me a continuar cantando e celebrando a milagrosa verdade que *Acima de Tudo* revela. Considero-me, acima de todas as coisas, um homem afortunado que, a cada dia, se maravilha por ser abençoado com a magnífica oportunidade de usar a música que amo para levar a mensagem de Deus ao mundo ao meu redor.

Desejo que esta canção e este livro possam conduzi-lo a um lugar que inspira reverência, um lugar onde você também poderá descobrir este Deus ousado que incendiou a vida de Brennan Manning e que ama cada um de nós, não importa por onde tenhamos andado ou o que tenhamos feito. Um Deus que pensa em você e em mim e nos coloca dentro do Seu próprio coração... Acima de tudo.

Michael W. Smith

Introdução

Above All [Acima de tudo], canção ganhadora do prêmio *Dove*, é uma comovente descrição artística do mistério central da fé cristã, a Encarnação. Nessa canção, a união da natureza humana e divina na pessoa de Jesus Cristo é apresentada com uma simplicidade estonteante e uma emoção desprovida de adornos. Teologicamente precisa e biblicamente embasada, *Above All* conduz o ouvinte a conhecer em profundidade o mistério da dominância e da centralidade de Jesus na vida do cristão e da Igreja. Em sua divindade, Jesus é inteiramente completo, autossuficiente, inatingível e incompreensível. A palestra teológica mais confiante e o ato de adoração mais edificante correm o risco de simplificar esse turbilhão que é o Cristo de Deus. Tomás de Aquino, teólogo do século XIII, parou abruptamente de escrever quando descobriu que tudo o que havia escrito perdia sentido quando comparado a Ele. Como alguém ousaria pensar ser capaz de prever como, por que e se o Filho de Deus recompensaria ou puniria alguém? Michael W. Smith canta: "Acima de toda sabedoria e de todos os caminhos do homem. Tu estavas aqui antes da criação do mundo". Se Jesus não fosse Deus, Ele não poderia satisfazer nossa sede e gosto pelo infinito.

Em Sua humanidade, Jesus é o Salvador cujo amor transformador, atemorizante e imprevisível sopra como um tornado através das vidas de homens e mulheres pecadores. Seu amor está além de qualquer descrição, ainda que usemos nossas melhores palavras, está além dos sermões mais poderosos que ouvimos e dos livros mais profundos dos quais jamais ouvimos falar. O mesmo amor que estava no coração de Jesus quando Ele estava morrendo na cruz, reside em nós nesse instante através do Seu Espírito transformador. Quando estamos em comunhão consciente com Jesus, sentimos a santidade dos outros ao nosso redor. Para além dos rótulos da sociedade, a presença que habita dentro de um irmão ou irmã torna nossas diferenças irrelevantes. Podemos nos relacionar sem qualquer necessidade de afirmação, porque descansamos seguros no amor irrestrito de Jesus Cristo.

Conhecer quem é Jesus não é um luxo para monges e freiras enclausurados, mas uma necessidade para cada um de nós. Ela afeta profundamente nossa autoimagem, nossos relacionamentos com os outros e a forma como oramos. Jesus disse: *"Estai em mim, e eu em vós"* (Jo 15:4).

Michael W. Smith, conhecido carinhosamente como *Smitty* por seus amigos, é mais do que um artista talentoso. Em *Above All*, o cantor e a canção, assim como a chama e o fogo, tornam-se um. Contagiado pelo amor de Jesus (pois somente os conhecedores desse amor podem contagiar outros), Smitty dedicou a mim total atenção. Eu era seu principal ouvinte, e ele esteve atento tanto às minhas palavras quanto ao meu silêncio. Após alguns encontros, descobri que ele é como todos nós – um humilde servo de Deus, alguém que verdadeiramente ama as pessoas. É com grande honra que chamo Smitty de amigo.

PARTE UM

ACIMA DE TODAS AS COISAS

Acima de todas as coisas,
Acima de todo o poder,
Acima de todos os reis,
Acima da natureza
E de todas as criaturas,
Acima de toda sabedoria
E de todos os caminhos humanos,
Tu estavas aqui antes da criação do mundo.

Acima de todos os reinos,
Acima de todos os tronos,
Acima de todas as maravilhas
que o mundo já conheceu,
Acima de toda riqueza
E tesouros da terra,
Não há como medir o quão precioso Tu és.

Capítulo 1
Jesus Cristo, governador de tudo

"Acima da natureza e de todas as criaturas"

Jesus Cristo é o Filho de Deus e o Filho do Homem, o Filho de Davi e o Filho de Maria. Ele é o Verbo feito carne, a Encarnação da compaixão do Pai. Ele é Messias, Salvador, sonhador e contador de histórias; servo, amigo e parábola de Deus. Ele consola os de coração quebrantado e reaviva os de espírito amargurado com palavras de consolação. Resgatando bêbados, miseráveis e maltrapilhos, Ele é o Pastor que alimenta, conduz e procura pelas ovelhas.

Ele é profeta e poeta, e também criador de problemas para a corja de hipócritas e figuras de autoridade que usam a religião para controlar os homens, que os fazem cair sob o fardo pesado das normas e os assistem tropeçar enquanto recusam-se a prestar ajuda. Ele ataca o corrompido espírito do legalismo e os presunçosos burocratas religiosos que condenam pessoas simples por quebrarem terríveis leis religiosas por bons motivos. Quando procura pelos sujos, pelos feridos, pelos confusos e pelos deprimidos, seu coração transborda de uma ternura inexprimível. O Cristo de Deus proclama boas novas às prostitutas e aos coletores de impostos, àqueles que caíram na armadilha das escolhas erradas e dos sonhos fracassados. Ele é Pantocrator (Regente de tudo), o Criador e o Soberano do cosmos, acima de todos os poderes, reis, tronos e domínios. A estrela Upsilon Andrômeda, localizada a 264 trilhões de milhas do Planeta Terra, foi criada por Ele e para Ele. No mês de dezembro, Ele atinge tanto a esfera sagrada da vida quanto a secular com a força de uma marreta. De repente, Jesus está em toda parte e é impossível fugir de Sua presença. Podemos aceitá-Lo ou rejeitá-Lo, afirmá-Lo ou negá-Lo, mas não podemos ignorá-Lo. Ele é proclamado em prosa, música e símbolos em todas as igrejas cristãs, como não poderia deixar de ser. Mas também guia cada rena de nariz vermelho, está por trás de cada boneca Barbie e ressoa nas saudações de Natal menos sacralizadas.

Seja de forma remota ou intensa, Ele é aclamado em cada taça que brinda o Natal. Cada ramo de pinheiro é um sinal de Sua santidade. Cada feixe de trigo nos arranjos é um sinal da Sua presença. Jesus não é meramente um ser sobre-humano, com um intelecto mais elevado que o nosso e uma capacidade de amar maior que a nossa. No sentido mais literal da palavra, Ele é único. Não criado, infinito, totalmente diferente. Ele ultrapassa e transcende todos os conceitos, considerações e expectativas humanas. Ele está além de tudo que possamos intelectualizar ou imaginar. E justamente por esse motivo, Jesus é um escândalo para homens e mulheres em todo o mundo, porque Ele não pode ser compreendido por nossa mente racional e finita.

UM ENCONTRO COM AQUELE QUE ESTÁ ACIMA DE TODAS AS COISAS

Quando a Guerra da Coreia terminou, em junho de 1953, nossa companhia da Marinha dos Estados Unidos foi enviada ao campo de Gifu, no Japão, quinze milhas ao sul da cidade de Nagoia. Minha especialidade operacional militar era desarmamento de munições. Em outubro, fomos novamente deslocados, desta vez para o campo McNair, localizado próximo a Yokohama, 250 milhas ao norte, a fim de recebermos treinamento sobre novos equipamentos militares recentemente desenvolvidos na época.

Nosso trem chegou em Yokohama às onze horas da noite e o transporte da Marinha deixou-nos em nosso destino à meia-noite. Na densa escuridão de uma noite sem lua, armamos as tendas e escorregamos para dentro de nossos sacos de dormir, animados pela notícia dada pelo comandante da companhia de que o despertar da manhã não soaria até as sete horas. Levantando-me cedo, peguei meu kit de barbear e dirigi-me ao banheiro para tomar um chuveirada. Levantei a abertura da tenda e senti o ar fresco da manhã. Ninguém de nosso pelotão havia se movido ainda. Eu estava inteiramente só. O sol acabara de aparecer no monte Fuji, e o pico resplandecente era uma visão magnífica.

Até hoje, não estou certo do que aconteceu em seguida – não sei se desmaiei, desfaleci ou tive uma vertigem. O fato é que caí para trás, batendo com a cabeça no chão ainda macio. Quando despertei, quinze ou vinte minutos depois, minha boca estava aberta e meus olhos dilatados. Capturado pela beleza cintilante daquela montanha de catorze mil pés de altura, coberta de neve, levantei-me lentamente até me sentar. Sentimentos de terror e de ternura percorriam meu corpo trêmulo. Aos dezenove anos, aquela era minha primeira experiência de transcendência, e eu só conseguia sussurrar: "Ó Deus, Ó Deus!". Um temor reverente e ao mesmo tempo maravilhoso misturava-se ao medo: eu estava diante da indescritível majestade e beleza de um Deus que não conhecia e que, em sua total singularidade, permanecia impossível de ser conhecido. Ao lembrar-me dessa experiência, que para mim foi além das palavras, além de qualquer retórica, imagem ou conceito, que induziu um silêncio mais profundo que a mente, considero-a uma preparação remota para o encontro impressionante que eu teria, quarenta anos depois, com a beleza luminosa de Jesus em sua atual aparição.

A GRAÇA IMPACTANTE DE CRISTO

Através do espantoso mistério da Encarnação, este mesmo Jesus está presente para aqueles que estão em meio a uma crise, para os que sofrem de enfermidades ou vícios debilitantes, para aqueles que vagueiam pelas florestas escuras da depressão, do desespero e do medo aterrador. Com uma compaixão que não conhece fronteiras nem limites de resistência, Ele surpreende aqueles que estão presos pelo prazer, capturados pelo orgulho atroz ou consumidos pela ganância voraz, apresentando-se a eles em um relance de introspecção, revelando repentinamente que suas vidas não são nada mais que um borrão sem sentido e caótico de energias mal direcionadas e pensamentos defeituosos.

O Salvador que nos liberta do medo do Pai e do desamor por nós mesmos anima os derrotados através da descoberta dolorosa de que nossos esforços para nos desembaraçarmos das desordens de nossas vidas são contraditórios em si mesmos, pois a fonte dessas desordens é o nosso próprio ego arrogante. Bufarmos de raiva, brigarmos por migalhas e nos fatigarmos por tentar consertar a nós mesmos é um exercício inútil. Jesus espera que as tentativas cessem e, em seguida, envia um discípulo até à alma esgotada, a fim de revelar-lhe o impactante significado da graça.

O teólogo Roberto Barron escreveu: "Ele é o Deus de coração partido que cura os corações partidos da humanidade. Jesus de Nazaré é a soma de todas as coisas pelas quais temos esperado desde o Éden". Discursando sobre o extraordinário impacto da pessoa de Jesus na cultura e nas artes, Barron prossegue: "Jesus é retratado de forma amorosa pelos pintores bizantinos, pelos artistas das catacumbas, pelos escultores da Idade Média, por Giotto, Leonardo, Michelângelo, Caravaggio, Rubens, Rembrandt, Manet, Picasso e Chagall. Sua sombra projeta-se sobre as obras de Dostoievski, Hemingway, Melville, Eliot e Graham Greene. Sua cruz – essa estranha e perturbadora lembrança de Sua terrível morte – é o símbolo dominante e mais reconhecido em todo o Ocidente. Jesus é absolutamente inevitável. Nossa linguagem, comportamento, atitude, perspectiva, aspirações, temores e sensibilidade moral, tudo foi indelevelmente marcado por Sua mente e coração?"[1].

*No sentido mais literal da palavra,
Ele é único.
Não criado, infinito,
totalmente diferente.*

*Ele ultrapassa e transcende
todos os conceitos,
considerações e expectativas humanas.*

Capítulo 2
Vendo Jesus para além de nossas distorções

"Acima de toda sabedoria e de todos os caminhos do homem"

Através dos tempos, os cristãos têm tentado lidar com a intimidante realidade da pessoa de Jesus Cristo. Lidar, nesse sentido, pode ser definido como "nossa resposta pessoal de adaptação ou ajuste produzida por um encontro com o Jesus real". Muitos de nós, cristãos, temos a tendência de "refazer" Jesus de Nazaré, procuramos inventar um tipo de Jesus com o qual possamos conviver, projetando um Cristo que confirme nossas preferências e preconceitos. Por exemplo, o grande poeta inglês John Milton emoldurou um Cristo intelectual que menosprezava as pessoas comuns como "um rebanho confuso, uma turba diversificada que enaltece as coisas vulgares"[1].

Essa inclinação a construir um Jesus de acordo com nossos próprios termos de referência e de rejeitar qualquer evidência que desafie nossas presunções é humana e universal. Para muitos hippies dos anos 1960, Jesus era muito semelhante a eles – um agitador e crítico social, um excluído da "raça dos ricos", um profeta da contracultura. Para muitos *yuppies*[2] dos anos 1980, Jesus era o provedor da vida de qualidade, um jovem executivo esforçado com uma missão messiânica, o profeta da prosperidade

Será que tanto o Jesus hippie quanto o Jesus *yuppie* são um retrato fiel do Jesus corajoso, livre, dinâmico e exigente do Novo Testamento?

No musical *Godspell*[3] fomos apresentados a um evangelho luminoso, no qual o humor carnavalesco e a energia da juventude nos convidam a entrar em um mundo sem responsabilidade pessoal. Sua abordagem seletiva oferece-nos uma ideia jovial, mas essencialmente falsa da mensagem do Evangelho. Nele, a crucificação é uma embaraçosa "necessidade teológica" rapidamente vetada. A ressurreição é reduzida a uma canção, *Long Live God* [Longa vida a Deus]. O que fizemos com um Evangelho banalizando o principal evento da história da salvação da humanidade?

DISTORÇÕES HISTÓRICAS SOBRE JESUS

Em seu livro *Jesus Now*[4] [Jesus agora], Malachi Martin pesquisou as diversas distorções históricas criadas para Jesus através dos tempos. A primeira é o *Jesus César*. Em seu nome, a Igreja associou riqueza e poder político ao devotado serviço a Deus, um verdadeiro casamento ímpio entre a Igreja e o Estado no qual o Papa, em sua capa de arminho, e César, em sua toga de seda, uniram-se com o intuito de construir impérios. Atualmente, encontramos essa mesma aliança falaz na capital dos Estados Unidos, onde certos líderes religiosos caminham altivamente pelos corredores do poder batizando alguns políticos e colocando outros em sua lista negra, sempre afirmando embasar suas atitudes nos ensinamentos de Jesus.

Mais tarde, surgiu o *Jesus Apolo*. Um romântico visionário, um belo líder cuja harmonia não continha dissonâncias. Ele tornou-se o herói dos encantadores e talentosos cavalheiros do século XIX e princípios do século XX, homens como os pensadores Henry David Thoreau e Ralph Waldo Emerson. O Jesus Apolo nunca sujou suas mãos, nunca entrou em um campo de trabalhadores imigrantes na Flórida ou em um gueto na Filadélfia. Ele não era um Salvador. Ele não defendia um salário digno, casas decentes, direitos civis ou assistência aos idosos.

Em cada era e cultura, encontramos a tendência de moldar Jesus à nossa própria imagem e fazê-lo de acordo com as nossas próprias necessidades, pois somente assim somos capazes de enfrentar o stress criado por sua inédita presença. Em meio a uma emboscada, Jesus é o pelotão de salvamento; na cadeira do dentista, Ele é a anestesia; no dia da prova, é o solucionador de problemas; em uma sociedade abastada, é o cidadão limpo e barbeado que trafega pelas estradas; para os guerrilheiros da América Central, é um revolucionário barbudo.

Se pensarmos em Jesus como o amigo dos pecadores, os pecadores provavelmente serão o nosso tipo de gente. Por exemplo, eu sei que Jesus ajuda os alcoólatras. Minha história pessoal com o álcool, além de meu condicionamento cultural, tornam Jesus agradável e compassivo para com determinados pecadores como eu. E eu posso lidar facilmente com esse Jesus.

FAZENDO DEUS À NOSSA IMAGEM

Blaise Pascal escreveu: "Deus fez o homem à Sua imagem, e o homem lhe devolveu este favor". Em meus quarenta anos de ministério pastoral, tenho visto inúmeros cristãos moldarem Jesus à sua própria imagem – em todos os casos, ele é um Salvador terrivelmente pequeno. Em seu clássico livro *Your God is Too Small*[5] [O seu Deus é pequeno demais], J. B. Phillips enumerou diversas caricaturas de Deus: Policial de Plantão, Pai ou Mãe Solitários, Velho Avô, Manso e Humilde, Amigo Íntimo Celestial, Diretor Administrativo, Deus Apressado, Deus das Elites, Deus sem Divindade, e daí por diante[6].

Essa mesma tendência persiste nas Igrejas de hoje. Embora não intencionalmente, algumas Igrejas locais tornaram-se seguidoras do "Jesus Torquemada". No século XV, Tomás de Torquemada e seus discípulos perseguiam e torturavam todos que ousassem discordar de sua interpretação limitada das Escrituras. Torquemada, cujo nome espanhol significa "ortodoxia da doutrina, morreu como um ancião em 1498, sendo responsável pela morte de 2 mil pessoas queimadas na fogueira e pelo exílio de 160 mil judeus da Espanha como estrangeiros indesejáveis – tudo para a glória de Deus[7].

Torquemadas contemporâneos florescem em muitas denominações e Igrejas cristãs.

A premissa subjacente em seus discursos é: "Não existe salvação fora da minha Igreja". Assim como Torquemada, eles exibem a mesma estreiteza mental e ostracismo para com aqueles que ousam desafiar sua própria ortodoxia não histórica. A religião petrificou a compaixão em seus corações.

Embora possam refletir uma rígida moralidade sexual, eles fecham os olhos para os desamparados, os necessitados, os vitimados e os feridos. Em suas comunidades, floresce uma versão hiperespiritualizada da salvação, intensamente voltada para o ego. É uma salvação de aparências que ocorre unicamente na mente, uma espécie de pseudoêxtase sem custo, empatia ou sensibilidade ao sofrimento dos inocentes. Pouco preocupados em dialogar com outras Igrejas, autoeximidos do julgamento de Deus, são indiferentes às dificuldades dos pobres, porém muito preocupados com algo conhecido como o "pós-vida". Confinadas no caixão de sua própria ortodoxia, tais Igrejas só trazem discórdia e divisão ao corpo de Cristo.

Outras Igrejas passam por oscilações entre esta ou aquela doutrina, alternando entre a apatia litúrgica e a adoração extravagante. Como observa Daniel Berrigan: "Os corações estão em outro lugar, as palavras são vagas, os gestos de aparente pacificação, de uma má fé. Talvez este nosso Deus possa ser bajulado, persuadido a permanecer conosco, com os nossos exércitos, com o nosso PIB (Produto Interno Bruto), com o nosso Pentágono, com os nossos mercados mundiais... Talvez Deus seja sensível à palavras, canções e gestos bonitos, à moedas que escoam pelos gasofiláceos, à arte e à arquitetura de nível elevado. Talvez Jeová seja como nós, um Deus que negocie com nossas pequenas fraquezas. Talvez o nosso Deus possa ser enganado por nós?"[8].

O JESUS REAL

Jesus Cristo, em quem habita a plenitude da divindade, não pode ser colocado em uma caixa, domesticado, definido, sepultado ou desenterrado; Ele não é plausível ou compreensível, não pode ser explicado, elucidado, reduzido à polêmica, colocado dentro ou além da criação, libertado ou aprisionado, trancafiado em nossas casas ou em nossos templos.

Como Michael W. Smith canta, Jesus está "Acima de todo o poder, acima de todos os reis, acima da natureza e de todas as criaturas. Acima de toda sabedoria e de todos os caminhos do homem, (Ele estava) presente antes da criação do mundo".

Jesus está além da linguagem, da sedução, da aclamação, da invocação, do uso ou mau uso. Ele está além do nosso desejo incontrolável ou da nossa inércia, da nossa esperança ou desesperança, da nossa retidão ou maldade. Ele não pode ser encurralado por palavras mansas, persuasões gentis ou subornos. Tampouco pode ser reduzido a um brinquedo, a um pássaro que canta em uma gaiola para a diversão das crianças.

A história cristã dá pleno testemunho de que inventamos um Deus que se parece conosco: ele é a imagem refletida, como num espelho, de nosso apetite, fanatismo, lucro financeiro, força política, linhagem sanguínea, nacionalidade, ou qualquer que seja a nossa paixão naquele momento. E nós adoramos esse deus de fabricação humana, um deus que não existe. Entretanto, o deus cujo humor alterna entre a graciosidade e a ira atroz, o deus que é terno quando somos bons e implacavelmente punitivo quando somos maus, o deus que exige a última gota do sangue de seu filho para que a sua justa ira evocada pelo pecado possa ser aplacada, não é o Deus revelado por Jesus Cristo e em Jesus Cristo. E, se ele não é o Deus de Jesus, ele simplesmente não existe.

As contemporâneas distorções e caricaturas de Deus que entulham a paisagem cristã de nossos dias – desde a inflamada e rabugenta que sanciona o massacre de pessoas inocentes (como o de 11 de setembro) porque homossexuais e defensores do aborto provocaram a sua ira assassina, até o patriarca benigno e permissivo que tolera o adultério, apoia a intolerância e não se importa quando cristãos enganados finalmente fogem da Igreja para preservar sua fé e sanidade – são resultado do trabalho de vendedores de sucesso que posam de líderes espirituais.

Tais aberrações, porém, também nos tornam profundamente gratos pelas Igrejas que de maneira firme e imediata identificam Jesus como o Cristo, o

Filho do Deus vivo, recusando-se a ser contaminadas pelas manias e fantasias de corretores do poder, liberais lunáticos, extremistas de direita.

Em cada era e cultura, encontramos a tendência de moldar Jesus à nossa própria imagem e fazê-lo de acordo com as nossas próprias necessidades, pois somente assim somos capazes de enfrentar o stress criado por sua incrível presença. Jesus Cristo, em quem habita a plenitude da divindade, não pode ser colocado em uma caixa, domesticado, definido, sepultado ou desenterrado; Ele não é plausível ou compreensível, não pode ser explicado, elucidado, reduzido à polêmica, colocado dentro ou além da criação, libertado ou aprisionado, trancafiado em nossas casas ou em nossos templos.

Capítulo 3
O Cristo Infinito é Íntimo

"Não há como medir o quão precioso Tu és"

Quem é o Jesus real descrito nas páginas dos quatro Evangelhos?

Os escritores dos Evangelhos apresentam Jesus como acima (*"No princípio era o Verbo, e o Verbo estava com Deus, e o Verbo era Deus"*, Jo 1:1) e abaixo (Ele experimenta a fadiga e a indecisão, tem Seu coração partido diante da morte de seu amigo Lázaro e realiza um milagre em Caná da Galileia pelo simples prazer de fazê-lo, Ele bebe o vinho do seu povo, canta suas canções nos casamentos e é acusado de ser um beberrão e um glutão). Ele é transcendente e imanente, infinito e mais íntimo de nós do que nós mesmos somos.

Como observa Luke Timothy Johnson: "Os quatro Evangelhos canônicos são notavelmente coerentes em um aspecto essencial da identidade e missão de Jesus. O foco fundamental de cada um deles não está nas obras maravilhosas de Jesus nem em Suas sábias palavras. O foco compartilhado por eles está no caráter de Sua vida e morte. Todos eles revelam o mesmo padrão de obediência radical a Deus e de amor altruísta pelas pessoas. Todos os quatro Evangelhos também concordam que o discipulado deve seguir o mesmo padrão messiânico. Eles não enfatizam a realização de certas ações ou o aprendizado de determinadas doutrinas, mas insistem em que se viva o mesmo padrão de vida e morte demonstrado por Jesus"[1].

As cartas do apóstolo Paulo nos lembram que devemos viver de acordo com a mente de Cristo. Seguir o Jesus real não quer dizer fazer maravilhas, transformar-nos em pregadores ou escritores famosos, criarmos uma Igreja enorme ou nos tornarmos líderes carismáticos. Ao invés disso, trata-se de uma questão de transformação de acordo com o padrão do Messias. O *Jesus real* é, portanto, o Senhor soberano que através do Espírito Santo recria na vida dos crentes a obediência fiel a Deus através do serviço amoroso aos nossos irmãos e irmãs da família humana.

O Jesus que está sentado à direita do Pai é o mesmo Jesus que lava os pés dos apóstolos (as vestes usadas por ele e o trabalho realizado são os que caberiam a um escravo). O Governador do universo é o mesmo Jesus que faz a melancólica pergunta: "*Simão, filho de Jonas, amas-me mais do que estes?*" (Jo 21:15). O Filho Unigênito do Pai é o mesmo Cristo de coração partido que chora sobre Jerusalém. O Senhor da glória é o mesmo Jesus que habita em nós: "*Estai em mim, e eu em vós*" (Jo 15:4).

O RELACIONAMENTO DE DEUS COM OS DEMAIS

Foi durante um passeio por Sleepy Hollow Village, no rio Hudson, em Nova Iorque, que ouvi a mais linda expressão sobre o espírito relacional de Jesus com a família, os amigos, os pecadores e os miseráveis. A única instrução de nosso guia foi: "Por favor, sejam gentis com as ovelhas. Elas não virão até vocês se as assustarem".

Jesus não batia em pessoas feridas. Quando Seus olhos percorriam as ruas e colinas, Ele sentia compaixão porque as pessoas estavam sem liderança. Ele nunca as diminuía, envergonhava ou ridicularizava. Ele tomou a iniciativa de buscar pelos perdidos e excluídos, porém não tentou convertê-los com uma rajada devastadora da Torah ou dos profetas hebreus. Sua mente estava constantemente imbuída de misericórdia, ternura e perdão. Ele não passou um sermão na mulher surpreendida em adultério a respeito das consequências da infidelidade; ao contrário, Jesus viu sua dignidade sendo destruída pelos assim chamados "homens religiosos". Depois de lembrá-los de sua solidariedade com o pecado, Ele olhou para a mulher com olhos de imensa ternura, perdoou-a e disse-lhe para não pecar mais. Nesse instante, eu e você estamos sendo vistos com o mesmo olhar de infinita ternura.

Nos Evangelhos sinóticos (Mateus, Marcos e Lucas), Jesus coloca o amor por nosso irmão no mesmo nível de obrigação do amor por Deus. Mateus (25:31-46) parece fazer com que todo o julgamento de valor pessoal, sucesso e fracasso humano, dependa de como respondemos às necessidades humanas. O amor pelos outros não é uma questão de sentimento ou abstração; não se trata de como nos sentimos a respeito de nosso irmão, mas do que fazemos por ele ou por ela. Jesus reduziu toda a Lei e resumiu todas as obrigações morais à única obrigação de amar a Deus e ao nosso irmão ou irmã, próximo ou distante.

Nesse sentido, ser amado significa ser visto de tal maneira que nosso lado humano seja reconhecido e revelado. O cristão que vê – mais do que simplesmente olha –, comunica ao que é visto que ele está sendo reconhecido como sujeito em um mundo impessoal de objetos, como uma pessoa e não simplesmente uma função; como alguém e não como todo mundo. Esta questão encontra-se na própria origem da justiça: reconhecer o outro como um ser humano que possui a imagem de Deus fluindo em si.

A mera compra de um selo postal ou de um pacote de arroz pode provocar uma troca de olhares entre o balconista e o cliente capaz de transformar um gesto de rotina em um encontro autêntico mutuamente enobrecedor. No caminho da saída, se o cliente olhar sobre seu ombro não deverá se surpreender ao ver o balconista sorrindo para o próximo cliente.

O segredo fundamental de Jesus em Seu relacionamento com os outros era o Seu soberano respeito pela dignidade deles. Ele não os considerava como brinquedos, utilidades, funções ou oportunidades para uma compensação pessoal. No relato de Lucas sobre a paixão e morte de Cristo, o evangelista observa que após a terceira negativa de Pedro, Jesus voltou-se e olhou para ele, revelando naquele olhar a realidade do reconhecimento. Pedro sabia que ninguém jamais o amaria como Jesus o amou. Jesus olhou para o homem que o havia confessado como o Cristo, o Filho do Deus vivo, e que também o traíra em um terrível momento de insegurança pessoal, e ainda assim o amou. Cristo amou Pedro ao aceitá-lo de forma completa e incondicional, mesmo diante de sua covardia.

Em sua reação para com Pedro, nenhum homem na história humana era mais livre, mais independente de pressões, convenções e expectativas. Jesus era tão liberto da barreira dos desejos e exigências que dominam a consciência e a programação emocional inflexível que podia aceitar o inaceitável. Ele fora traído, mas não recorreu a ataques de fúria ou a ameaças terríveis. Ele comunicou Seus sentimentos mais profundos pelo apóstolo com um simples olhar! E aquele olhar transformou o discípulo: *"E, saindo Pedro para fora, chorou amargamente"* (Lc 22:62).

REVERTENDO AS REGRAS

Quando Jesus enrolou uma toalha na cintura, derramou água em uma bacia de cobre e lavou os pés sujos dos apóstolos, iniciou-se a revolução da Cerimônia do Lava-Pés. A partir desse momento, nascia uma ideia até então sem precedentes sobre a grandeza do Reino de Deus: o discípulo que se humilha, busca o último lugar e se toma como uma criança será exaltado. Que chocante reversão das prioridades e valores de nossa cultura! Preferir ser o servo em vez de ser senhor da casa, escarnecer dos deuses do prestígio, poder e reconhecimento, recusar-se a se levar a sério, viver com alegria seguindo a rotina de um lacaio – estas são as atitudes e ações que levam o selo do autêntico discipulado. De fato, Jesus disse: Bem-aventurados sois se amais seres desconhecidos e vistos como nada. Sendo todas as coisas iguais, preferir o desprezo à honra, preferir o ridículo ao louvor, preferir a humilhação à glória – são fórmulas de grandeza no novo Israel de Deus. Jesus Cristo está acima de tudo, à medida que se torna o menor de todos. *"De sorte que haja em vós o mesmo sentimento que houve também em*

Cristo Jesus, que, sendo em forma de Deus, não teve por usurpação ser igual a Deus, mas esvaziou-se a si mesmo, tomando a forma de servo, fazendo-se semelhante aos homens; e, achado na forma de homem, humilhou--se a si mesmo, sendo obediente até à morte, e morte de cruz" (Fp 2:5-8).

A base do ministério de serviço de Jesus está fundamentada na Sua compaixão pelos perdidos, solitários e despedaçados. Por que Ele ama os perdedores, os fracassados e aqueles à margem da respeitabilidade social? Porque o Pai os ama. *"Na verdade, na verdade vos digo que o Filho por si mesmo não pode fazer coisa alguma, se o não vir fazer o Pai; porque tudo quanto ele faz, o Filho o faz igualmente"* (Jo 5: 19).

Em Jesus de Nazaré, a mente de Deus torna-se transparente. Nele, não encontramos nada de seu próprio ego a ser visto, mas somente o apaixonado amor de Deus que nos persegue. Através de Sua vida de humilde serviço, Jesus nos revela o coração de Deus. Na verdade, quando Ele voltar, não virá com o impacto de uma glória refulgente, mas virá como servo. *"Bem-aventurados aqueles servos, os quais, quando o Senhor vier, achar vigiando! Em verdade vos digo que se cingirá, e os fará assentar à mesa e, chegando-se, os servirá"* (Lc 12:37).

Desde o dia em que Jesus rompeu as ataduras da morte e a era messiânica irrompeu na história, uma nova ordem surgiu, trazendo com ela um singular conjunto de prioridades e uma revolucionária hierarquia de valores. O carpinteiro nazareno não refinou apenas a ética de Platão e Aristóteles; Ele não reordenou meramente a espiritualidade do Velho Testamento; Ele não reordenou simplesmente a velha criação – Ele trouxe uma revolução não violenta. Nesta nova ordem, devemos renunciar a tudo que possuímos, não apenas à maior parte desse tudo (Lc 14:33); devemos desistir do nosso velho modo de vida, não simplesmente corrigir algumas aberrações dele (Ef 4:22); devemos ser uma criação inteiramente nova, não simplesmente uma versão remodelada do velho eu (Gl 6:15); devemos ser transformados de glória em glória, até à própria imagem de Jesus, inteiramente transparente (II Co 3:18); nossas mentes devem ser renovadas por uma revolução espiritual (Ef 4:23).

Por que deve ser assim? Para que possamos ser livres para amarmos uns aos outros do mesmo modo altruísta como Jesus nos ama, e para andar dia a dia em fidelidade e obediência ao amor, como o Jesus real fez.

JESUS CRISTO – ALÉM E DENTRO

Jesus Cristo está além e dentro da nossa experiência humana de vida e amor. Além, como Filho de Deus e Segunda Pessoa da Santa e indivisível Trindade, Ele não pode ser imaginado, uma vez que Deus não pode ser imaginado. Portanto, não podemos conhecê-lo como Ele realmente é, a não ser que nos transportemos para além de tudo que possa ser imaginado e passemos para uma obscuridade sem imagens e sem semelhança com qualquer coisa criada.

Dentro, Jesus é uma presença que habita nosso interior. Será este o nosso verdadeiro pecado – a inconsciência de Sua presença imediata? Jesus é nosso irmão, amigo, servo, amante, Cristo contracultural e Espírito doador da vida. O Jesus real forma, informa e transforma Seus seguidores através do dom do Espírito Santo, cuja presença organiza nossas vidas e direciona nossas atividades.

Desde que comecei a escrever este pequeno livro, uma pergunta tem me inquietado: depois de sermos impactados pelo amor de Jesus Cristo, a que nossa vida cristã deve se assemelhar?

Desde o dia em que Jesus rompeu as ataduras da morte e a era messiânica irrompeu na história, uma nova ordem surgiu trazendo com ela um singular conjunto de prioridades e uma revolucionária hierarquia de valores.

O segredo fundamental de Jesus em Seu relacionamento com os outros era o Seu soberano respeito pela dignidade deles. Essa questão encontra-se na própria origem da justiça: reconhecer o outro como um ser humano que possui a imagem de Deus fluindo em si.

PARTE DOIS

PENSASTE EM MIM ACIMA DE TUDO

*Acima de tudo,
crucificado
e deitado no sepulcro,
viveste para morrer
rejeitado e sozinho,
como uma rosa
esmagada no chão.
Assumiste a culpa
e pensaste em mim.
Acima de tudo.*

Capítulo 4
Um relacionamento de amor com o Salvador Crucificado

"Crucificado e deitado no sepulcro"

Ingressei no seminário aos 21 anos de idade. Após ter permanecido três anos na Marinha e estudado durante um semestre na Universidade de Missouri, onde preparava-me para ingressar na Escola de Jornalismo, a vida de repente pareceu-me vazia. Certa noite de outubro de 1995, tive um sonho que abalou por completo minha segura, bem regulada e espiritualmente pobre vida.

Em meu sonho, eu dirigia um Cadillac azul metálico conversível, enquanto subia uma colina íngreme, em uma cena que me parecia mais real que a própria realidade. No topo da colina, havia uma casa semelhante à casa de uma fazenda, com quatorze quartos que davam para uma vista panorâmica do vale logo abaixo. Meu nome estava gravado na caixa do correio. Estacionado na estrada circular, estava o carro de minha esposa, um Porsche. Dentro da casa, Bárbara estava assando pão e as vozes de nossos quatro filhos ressoaram saudando minha chegada. Olhei-me no retrovisor e decidi que meus cabelos brancos precisavam de um corte. Eu tinha cerca de cinquenta anos. Ao abrir a porta da frente, olhei de relance para a placa folheada a ouro pendurada na parede – o Prêmio Nobel de Literatura que me fora concedido.

Despertei suando frio e suspirando, "Oh, Deus, tem de haver mais do que isso! Será que vou investir os próximos trinta anos de minha vida para alcançar fama, riqueza e sucesso, apenas para um dia descobrir que isso é tudo?".

Uma inquietação aterradora percorreu meu ser, acompanhada de uma sensação incômoda de insatisfação pessoal. O que há de errado em receber a recompensa que a sociedade concede às pessoas de talento? Por que não posso ficar satisfeito com uma vida que muitos cobiçam? Como este algo mais pode ser tão esmagador e urgente, quando nem ao menos sei o que esse algo mais realmente significa? No entanto, eu sabia que não havia mais volta até descobri-lo.

Desestabilizado e confuso, embarquei em busca de algo que, mais tarde, descobri ser Jesus.

O AMOR FURIOSO DE CRISTO

Depois de sete dias no seminário, descobri que a ardente e penosa jornada até à ordenação ao sacerdócio não era para mim – levantar às cinco horas da manhã, cantar salmos em latim na companhia de noviços afeminados de dezoito anos, ser obrigado a comer beterraba (que eu odiava) e tropeçar pelos degraus em uma batina que ia até os tornozelos sem saber que precisava levantar a bainha. Suportei estar ali por sete dias unicamente porque meu irmão Rob havia apostado cinquenta pratas como eu não aguentaria uma semana. Na manhã do oitavo dia, com as malas feitas e o espírito saltitante, fui informar ao superior do local que estava de partida. Ele não estava em seu escritório. Para passar o tempo, fui até à capela dizer até logo para Deus e agradecer-lhe pela minha fuga dos rigores da vida religiosa. Aproveitei o fato de não haver ninguém para testemunhar meu ato heroico, e decidi fazer algo grande para Ele. Embora eu não fosse obrigado a fazê-lo, eu iria percorrer as quatorze "estações da cruz", uma devoção espiritual cujo foco reside na paixão e morte de Jesus Cristo.

Incapaz de orar sem a ajuda de um livro, peguei um folheto. Na primeira estação, "Jesus é condenado à morte", li a oração rapidamente, fiz uma genuflexão[1] apressada como se estivesse sentido cheiro de fumaça no prédio, e logo dirigi-me à estação número dois.

NOSSA RESPOSTA AO AMOR DE CRISTO

O refrão de *Above All* – "Tu assumiste a culpa e pensaste em mim acima de tudo" – transporta a lembrança daquele 8 de fevereiro de 1956 para uma realidade presente e atual. Como Bernard de Clairvaux escreveu em seu tratado do século XI sobre o amor de Deus: "Somente alguém que o experimentou pode começar a compreender o que é realmente o amor de Cristo"[2].

A nossa resposta a Jesus será total no dia em que experimentarmos o quanto é total o Seu amor por nós. Em lugar de nos esforçarmos de maneira consciente para sermos bons, devemos permitir-nos o luxo de nos deixar ser amados, sem antes procurar nos limpar de nossos maus atos e colocar todas as coisas em ordem, sem tentar primeiro eliminar cada traço de pecado, egoísmo, desonestidade e amor degenerado de nosso currículo, sem primeiro procurar desenvolver uma vida de oração disciplinada e passar dez anos em Calcutá com as missionárias de Madre Teresa... Faça isso agora e aqui mesmo, enquanto segura este livro em suas mãos.

Depois de onze minutos lendo orações, com um joelho encostado chão, cheguei à 12ª estação "Jesus morre na cruz". A figura impressa no folheto instruía os adoradores a se ajoelharem. Ao colocar-me de joelhos, o sino do Ângelus do Monastério Carmelita de clausura, localizado à meia milha dali, ressoou a distância. Era exatamente meio-dia. Às três horas e cinco, pus-me de pé, sentindo que a aventura mais vibrante de minha vida havia apenas começado.

No decorrer daquelas três horas, senti-me como um garotinho ajoelhado à beira-mar. Pequenas ondas lavavam meus joelhos e subiam por eles. Lentamente as ondas cresceram, até chegarem à minha cintura. De repente, uma tremenda onda atingiu-me com a força de um abalo e varreu-me para fora da praia. Revirando-me pelo ar, curvando-me pelo espaço, intuí que eu não estava apenas no ar, mas que estava sendo levado para um lugar que jamais conhecera – o coração de Jesus Cristo.

Quando Ele chamou o meu nome, não foi Richard, meu nome de batismo, ou Brennan, mas uma outra palavra que não revelarei, uma palavra que é meu nome verdadeiro na mente de Deus, um nome dito com indescritível ternura e escrito em uma pedra branca (Ap 2:17).

Era a primeira vez que eu me sentia amado sem que eu tivesse feito ou precisasse fazer algo em troca. Eu me movimentava para frente e para trás entre o êxtase suave, o silêncio maravilhoso e o tremor quieto. A melhor forma de descrever a aura que me envolvia seria uma *escuridão luminosa*. O momento pareceu se prolongar por um tempo sem fim, até que, sem aviso, senti uma mão agarrar meu coração. Foi algo abrupto e assustador.

A consciência de ser amado não era mais terna e confortante. O amor de Cristo, o filho de Deus Crucificado, assumiu a fúria violenta de uma repentina tempestade de verão. Como uma represa incontida, um espasmo de choro convulsivo emergiu das profundezas de minha alma.

Jesus morreu na cruz por mim. Eu sabia disso desde a escola primária, o que John Henry Newman chamava de *conhecimento imaginário* – um conhecimento abstrato e distante, irrelevante em relação às questões fundamentais da vida, apenas mais uma bugiganga na casa de penhores empoeirada das crenças doutrinárias. Porém, em um momento ofuscante, essa verdade salvadora tornou-se um conhecimento real, exigindo o comprometimento pessoal do meu coração. O cristianismo não era mais meramente um código moral, uma ética ou uma filosofia de vida, mas um relacionamento de amor.

Finalmente esgotado, consumido e perdido em uma humildade sem palavras, eu estava novamente de joelhos à beira-mar, com ondas mansas de amor varrendo o meu ser e saturando minha mente e coração, com uma forma quieta e inconsciente de adoração silenciosa.

Às três e cinco da tarde, levantei-me trêmulo do chão e voltei ao meu quarto. Tremendo de espanto e assombrosamente apaixonado, entrei em uma nova forma de existência onde *"Cristo é tudo em todos"* (Cl 3:11).

Despertei suando frio e suspirando, "Oh, Deus, tem de haver mais do que isso! Será que vou investir os próximos trinta anos de minha vida para alcançar fama, riqueza e sucesso, apenas para um dia descobrir que isso é tudo?"[3]

***

Em um momento ofuscante, essa verdade salvadora tornou-se um conhecimento real, exigindo o comprometimento pessoal do meu coração. O cristianismo não era mais meramente um código moral, uma ética ou uma filosofia de vida, mas um relacionamento de amor.

Capítulo 5
Nossa confiança através da humilhação de Cristo

"Viveste para morrer; rejeitado e sozinho."

Se o principal trabalho dos demônios é o engano, a Sexta-Feira Santa foi um dia triunfante para o pai da mentira. A multidão, incitada pelos principais sacerdotes, exigia a libertação de Barrabás a Pôncio Pilatos, o visivelmente ansioso procurador de Roma. A multidão rapidamente tornava-se não apenas impossível, mas também perigosa. Pilatos não podia permitir que aquilo acontecesse. A verdade sobre seu caráter foi revelada no momento em que seu compromisso e disposição de se salvar prevaleceram. A garantia de Satanás para ter seu plano cumprido era um político obrigado a viver com a versão da verdade que melhor funcionasse.

O trabalho astucioso do maligno continua no mundo de hoje, através de manobras como a monstruosa atrocidade do 11 de setembro, atribuída a motivos supostamente religiosos. Mas ele também se move de formas mais sutis dentro da comunidade cristã atual. Como um perspicaz comandante inimigo, Satanás rodeia as defesas da nossa personalidade para determinar onde somos mais vulneráveis. Ele sabe que as *grandes* tentações, como o homicídio, o roubo, o adultério e o assassinato qualificado, seriam instantaneamente reconhecidas e rejeitadas por nós.

Assim, ele procura insinuar-se através das áreas de nossa psique em que somos mais vulneráveis. Por exemplo, ele nos seduz a permanecermos concentrados em nossos pecados do passado e a nos consumirmos em sentimos de autopunição. Embora esses pecados tenham sido perdoados e esquecidos por Deus, a primeira ação do pai da mentira é roubar de nós a paz e a alegria do Espírito Santo.

Atormentados por pecados que foram lançados no lago do esquecimento e não mais existem, colocamos nosso foco nas lembranças de nossa luxúria, ganância, arrogância, oportunidades perdidas, casamentos fracassados, filhos afastados, na dor impingida à família, amigos ou colegas; e assim, cheios de mágoa, nos autoflagelamos por fracassos reais e até mesmo imaginários.

O ENGANO DA DEGENERAÇÃO

A autoestima perdida e uma autoimagem negativa não seriam tão destruidoras, se não condicionassem nossa percepção do mundo e a nossa interação com os outros de maneira compatível com a imagem que fazemos de nós mesmos. Quando vemos a nós mesmos como indignos de sermos amados, negamos o nosso próprio valor e somos afligidos por sentimentos de insegurança, inadequação e inferioridade. No fim, fechamos nossos corações ao valor dos demais, pois eles ameaçam a nossa própria existência. Identificamos a exaltação do outro como um ataque pessoal e reagimos como tal.

O medo é manifestado pelo sentimento de que não nos encaixamos em nenhum lugar. Na verdade, dizemos a nós mesmos: "sou um perdedor, estou abandonado, ninguém se importa comigo". Em reuniões de grupo, nos sentimos como intrusos. "Ninguém me ama, todos me odeiam, eu não deveria estar aqui". Em uma simples conversa com pessoas importantes, a falta de entusiasmo deles confirma aquilo que já suspeitávamos: "sou um chato". Passamos por um amigo na rua. Distraído, ele nos ignora; ficamos arrasados.

Quando colocamos nossa cabeça no travesseiro à noite, ignoramos os aspectos agradáveis do dia para nos prendermos aos incidentes transitórios que refletem nosso autorretrato negativo.

O cristão que, enganado por Lúcifer, possui uma autoimagem negativa é relutante em assumir riscos. Na sala de aula, no estudo bíblico ou em uma noite com amigos, ele nunca faz perguntas. Se ficar em silêncio, o grupo (assim ele espera) poderá presumir que ele é um profundo intelectual. Em lugar de arriscar passar por uma avaliação negativa – "Que pergunta estúpida!" – ele acha mais seguro não dizer nada, usar uma máscara inteligente e deixar que o grupo suspeite o quanto ele é brilhante. É desnecessário dizer que ele experimenta grande ansiedade com relação aos seus erros.

Nossa tendência de repreendermos a nós mesmos por erros reais ou imaginários, de nos diminuirmos e sermos cruéis para com o nosso próprio valor, de focalizarmos exclusivamente nossa desonestidade, egocentrismo e falta de disciplina pessoal, representam a hegemonia da baixa autoestima semeada por Satanás. Onde está o Jesus Crucificado que levou as nossas enfermidades e carregou todos os nossos pecados em meio a essa situação autodestrutiva? Ao pregar sua forte mensagem em Atlantic City, Francis MacNutt tocou em um nervo exposto quando trovejou: "Se o Cristo Crucificado lavou você com o Seu sangue e perdoou todos os seus pecados, que direito tem você de não perdoar a si mesmo?".

Tenha cuidado com o maligno que ronda a Terra buscando desfazer o que Deus fez na paixão e morte de Jesus Cristo! À medida que escrevo estas palavras e você as lê, o amor incomparável de Jesus penetra-nos como um redemoinho e brilha como um raio através de nossas vidas. Para fugir de nossos demônios, buscamos consolo em nossos vícios: álcool, estar sempre certo, trabalhar demais, vencer sempre, sorvete, televisão, religião, cocaína, cinema, maconha, dinheiro, poder, sexo, jogo, leitura compulsiva ou simplesmente ter a última palavra. O que nos falta, visivelmente, é uma confiança inabalável no amor misericordioso do Cristo Crucificado e Redentor.

Conta-se uma estória sobre três monges que oravam em sua abadia. Um dos monges sentiu que estava saindo de seu corpo. Ao aproximar-se do céu, pôde ver os outros dois monges sentados nos bancos abaixo dele. Outro monge entrou em êxtase espiritual ao começar a ouvir louvores cantados por coros de anjos. O último monge tinha sua mente repleta de distrações e só conseguia pensar em quanto tempo já tinha se passado desde a última vez que comera um Big Mac. Mais tarde naquela noite, o assistente do diabo estava fazendo o relatório das atividades do dia. "Estive trabalhando em três monges que estavam orando na igreja", começou, "mas só tive sucesso ao tentar dois deles"[1].

A SEDUÇÃO DE SEPARAR O ESPIRITUAL DO SECULAR

O pai da mentira alcança seus objetivos ao trabalhar dentro de nós quando tentamos separar a vida espiritual da vida comum, quando dividimos os tempos fixos de oração pessoal e adoração comunitária dos momentos de limpeza, criação de filhos, dar caronas, realizar trabalhos domésticos ou externos, fazer caminhadas, brincadeiras, ou de morder um Big Mac.

Quando leio o jornal local ou a folha de esportes, um romance de mistério de P. D. James ou Elizabeth George, esta distração é menos espiritual do que ler Oswald Chambers ou Philip Yancey? Deus está ausente quando jogo futebol, corto o cabelo, arremesso um frisbee, faço amor, voto, levo o cachorro para passear, vejo um filme, ganho a vida, lavo o carro, ou enterro o nariz em um pote de sorvete?

Ao assar um bolo, preciso ouvir uma fita de Gordon MacDonald para sentir que estou agradando a Deus? A aparente dicotomia, engendrada pelo príncipe das trevas, entre a vida espiritual e a vida cotidiana, permeada em geral pelas atividades mundanas que constituem a trama e a urdidura da vida, bane Jesus de dentro de nós para as savanas do céu. A jornada se torna mais prosaica que poética, mais um discurso que uma canção, e as coisas tangíveis, visíveis e perecíveis tornam-se um substituto adequado para o eco ante a afirmação de Paulo: *"Porque para mim o viver é Cristo"* (Fp 1:21).

Livre para aceitar o amor de Cristo

Um poeta escreveu que a última ilusão que precisamos abandonar é o desejo de nos sentirmos amados. O maligno incita-nos a darmos grande importância às experiências de oração cheias de uma intensa consciência da presença de Deus e a denegrirmos os momentos em que não sentimos nada, quando estamos continuamente distraídos e lutando contra as tentações. A ideia de que Deus esteja simplesmente feliz quando aparecemos e nos calamos não passa pelas nossas mentes.

Quando perguntaram a um monge veterano: "Você se sente mais próximo de Deus agora do que quando entrou no monastério, há trinta anos atrás?", sua resposta gloriosa foi: "Não, mas agora isso não importa". Liberto da necessidade de sentir-se amado, ele estava apto a aceitar a consolação ou a aflição indiscriminadamente, por causa de sua confiança imutável na Presença de Deus no tempo e fora do tempo.

Tenha cuidado com o maligno que rodeia a Igreja, procurando desfazer o que Deus fez na paixão e morte de Jesus Cristo! Ele procura obliterar o nosso valor próprio, obscurecer nossa identidade interior como filhos amados de Deus e negar a Encarnação, separando nossa vida no Espírito de nossa vida diária no mundo.

Como um perspicaz comandante inimigo, Satanás rodeia as defesas da nossa personalidade para determinar onde somos mais vulneráveis, e insinua-se naquela área da nossa psique. Tenha cuidado com o maligno que ronda a Terra buscando desfazer o que Deus fez na paixão e morte de Jesus Cristo! À medida que escrevo estas palavras e você as lê, o amor incomparável de Jesus penetra-nos como um redemoinho e brilha como um raio através de nossas vidas.

Capítulo 6
A presença transformadora do Senhor Ressurreto

"Tu assumiste a culpa e pensaste em mim, acima de tudo"

O Jesus Ressurreto é identificado apenas como aquele que foi crucificado com as chagas expostas, presentes em suas mãos, pés e lado, resultantes de sua batalha na Sexta-Feira Santa. Em sua ascensão atual, Jesus continua sendo o Homem na cruz.

Naturalmente, a canção *Above All* não teria sentido, e nenhum dos livros escritos sobre Jesus teriam sentido, se Cristo não tivesse ressuscitado. Se a Páscoa não fizesse parte da história, certamente não seríamos mais do que um bando de cínicos. Podemos encarar a morte de Jesus na cruz simplesmente como a última derrota de um homem bom pelos poderes das trevas, ou então lançarmos nossa sorte e nossas vidas nas mãos de um novo poder que foi desatado no mundo. Se Jesus não houvesse retornado do túmulo, Ele seria, como Albert Schweitzer memoravelmente definiu, uma pessoa a mais a jazer no chão sob a roda da história.

O apóstolo Paulo escreveu: *"E, se Cristo não ressuscitou, logo é vã a nossa pregação, e também é vã a vossa fé. (...) Se esperamos em Cristo só nesta vida, somos os mais miseráveis de todos os homens"* (I Co 15:14, 19). Os cristãos primitivos estavam inflamados por sua inabalável convicção de que Aquele que foi pendurado em um madeiro não havia sido sepultado para a morte, mas fora elevado às alturas pelo Pai.

À luz desta fé Pascoal no Jesus Ressurreto, a cruz é vista não como o final trágico de uma nobre vida, mas como uma revelação do coração de Deus. Barron escreveu: "A grande disputa, o conflito de Prometeu, a terrível ilusão de que Deus é um ser humano ameaçador, tudo isso é destruído e despedaçado pela cruz e ressurreição de Cristo!"[1].

A Sexta-Feira que chamamos de Santa e o Domingo em que celebramos a Páscoa são as manifestações supremas do amor de Deus por nós. A passagem de Jesus da morte para a vida declara que o Abba (Pai) de Jesus não destinou Seu Filho, nem nós, para a lata de lixo da história. A morte é destituída de seu poder obscuro e torna-se apenas um fantasma, o bicho-papão das criancinhas; sua finalidade é nos introduzir na única experiência digna do nome *vida*. Jesus poderia ter-nos salvo com um simples aceno de Sua mão e dito: "Todos os seus pecados estão perdoados". Mas será que teríamos um dia chegado a conhecer as profundezas do amor de Deus sem o Filho massacrado agora elevado às alturas?

O FUNDAMENTO DA NOSSA FÉ

A lembrança de que os Evangelhos não estavam disponíveis aos primeiros cristãos tem valor inestimável. O consenso erudito data o primeiro Evangelho, escrito por Marcos, entre os anos 68 e 73 da era cristã. A primeira e mais primitiva carta de Paulo aos Tessalonicenses tem vestígios de datar entre os anos 50 e 51 da era cristã. Considerando que o Novo Testamento não havia sido escrito ainda, surge a pergunta óbvia: Qual foi o fundamento da fé dos cristãos primitivos?

Tradição Oral

O primeiro fundamento da fé dos cristãos primitivos foi a tradição oral dos apóstolos (do Latim *tradere*, que significa "transmitir").

As testemunhas oculares do túmulo vazio e as várias aparições do Jesus Ressurreto proclamaram as boas novas sem temor: "*Deus ressuscitou a este Jesus, do que todos nós somos testemunhas*" (At 2:32). Pedro, João, Filipe, Tiago e os outros, que um dia se esconderam no cenáculo *por medo dos judeus*, foram preenchidos pelo poder do Espírito Santo não apenas para proclamar, mas também, com exceção de João, para de bom grado serem martirizados pelo amor de Jesus.

Depois que os dois discípulos a caminho de Emaús contaram sua história aos Onze, o próprio Jesus "*se apresentou no meio deles, e disse-lhes: Paz seja convosco. E eles, espantados e atemorizados, pensavam que viam algum espírito. E ele lhes disse: Por que estais perturbados, e por que sobem tais pensamentos aos vossos corações? Vede as minhas mãos e os meus pés, que sou eu mesmo; apalpai-me e vede, pois um espírito não tem carne nem ossos, como vedes que eu tenho. E, dizen-*

do isto, mostrou-lhes as mãos e os pés. E, não o crendo eles ainda por causa da alegria, e estando maravilhados, disse-lhes: Tendes aqui alguma coisa que comer?" (Lc 24:36-41).

Por que os apóstolos estavam *surpresos e atemorizados*? Por que ficaram apavorados, tão cheios de medo? Pelo mesmo motivo que eu ficaria: culpa! Certamente, o extraordinário fenômeno de ver o Homem que fora crucificado ali, de pé diante deles e gozando de plena saúde, os fez pensar que estavam vendo um fantasma, e essa pode ter sido a causa principal de seu medo. Qual é o principal tema da maioria das estórias sobre fantasmas? Esse gênero literário costuma ser caracterizado por uma inocente vítima de traição que é morta e volta à vida, cheia de ira e com sede de uma sangrenta vingança. No instante crucial da vida de Jesus, quando a sentença de morte por crucificação foi decretada, onde estavam seus leais seguidores? Judas O traiu, Pedro O negou, e os outros O abandonaram.

Será que os discípulos estavam se perguntando se Jesus estava inclinado a buscar Sua vingança? Estavam aterrorizados porque achavam que Jesus voltara para dar o troco, para lembrá-los de sua covardia e infidelidade e prestar contas de uma vez por todas? Culpa e medo, surpresa e temor não seriam emoções inadequadas em vista de todo o ocorrido. Se o coração deles tremeu, o meu também tremeria.

Não medirei as palavras para falar de mim mesmo. Embora o alcoolismo seja considerado uma doença, também é uma vida de extremo egoísmo, ou, como declara o Grande Livro dos AA, "O ego vive dissolutamente". O alcoolismo em minha vida não se resumia meramente à questão de beber demais... Muito além disso, o tecido da minha vida moral se deteriorou a ponto de eu ter quebrado cada um dos Dez Mandamentos. Infligi dor e sofrimento à família e aos amigos, nunca estava disponível para ajudar alguém que necessitasse, faltei ao funeral de minha própria mãe por estar bêbado. Minha indiferença para com Jesus e desconsideração insensível para com o seu povo é um capítulo de vergonha em minha vida, o que torna a minha identificação com os apóstolos culpados e temerosos não apenas um pensamento piedoso, mas uma realidade flagrante e pungente.

Subestime o amor do Jesus Crucificado e Ressurreto, e a sombra da vergonha, da culpa e do medo escurecerá tudo ao nosso redor, sem demora. Considere o refrão da canção – "Tu assumiste a culpa, e pensaste em mim acima de tudo" – apenas como um pensamento positivo ou mera ficção, e o amor do Cristo Redentor será excluído de nossa esfera cristã.

Escrevo estas palavras não como espectador, mas como participante ativo da luta de toda uma vida contra o ódio por mim mesmo, que terminou somente quando quebrantei-me e deixei-me ser amado.

Na noite da Páscoa, quando Jesus apareceu aos Onze que O traíram, negaram e abandonaram, Ele parecia não ter lembrança da traição deles. Sem qualquer vestígio de ira ou de justa indignação, Ele simplesmente disse *paz*. E essa mesma experiência inefável de liberdade da culpa e paz no coração é oferecida por Jesus que é "*o mesmo, ontem, e hoje, e eternamente*" (Hb 13:8), a todos que arriscam-se a permitir que Ele se mova livremente em suas vidas.

EXPERIÊNCIA PESSOAL

O segundo fundamento da fé dos cristãos primitivos foi a sua experiência pessoal sobre a atual ressurreição de Jesus. Eles sentiram Cristo ativamente presente em suas vidas. A ressurreição foi tanto um acontecimento histórico, passado em um tempo e local específico, quanto uma realidade em curso que impactou suas vidas no aqui e agora.

Um poder maior do que eles mesmos, liberado pelo Jesus Pascoal através do Espírito do Pentecostes, operou em suas vidas de uma forma dinâmica. Os primeiros cristãos não eram super-homens e supermulheres milagrosamente imunizados contra a inveja, a indolência e o egoísmo em suas múltiplas formas. Assim como o resto de nós, eles lutaram fervorosamente contra o que C. S. Lewis chamou de "um zoológico de lascívia, um manicômio de ambições, um berçário de medos, um harém de ódios acalentados"[2]. Tendo herdado o pecado original de Adão, eles eram vítimas dos mesmos perigos, dificuldades e tentações que ameaçam puxar-nos para baixo.

A presença permanente do Jesus Ressurreto não era uma utopia para os cristãos do período pós--Pascoal. Se o Jesus histórico deu início ao Caminho que identificará para sempre os Seus verdadeiros discípulos, o Cristo Ressurreto impulsiona as vidas de Seus seguidores. Esta é a experiência existencial da comunidade da fé antes que o Novo Testamento evoluísse para a sua forma escrita. Jesus Cristo não somente havia entrado para a história humana como também, transcendendo a própria história, vive agora em Seus discípulos através do Espírito Santo. Por meio do Seu divino revestimento de poder, as coisas que eram impossíveis são agora possíveis. Seus seguidores agora podem viver a mesma espécie de vida que Cristo viveu (I Jo 2:6), fazer o que Ele fez (Jo 13:15), amar como Ele amou (Ef 5:2), perdoar como Ele perdoou (Cl 3:13) e nas suas mentes serem assim como Cristo Jesus (Fp 2:5). Portanto, eles são capazes de seguir o exemplo de Cristo (I Pe 2:21), entregar suas vidas pelos irmãos como Ele fez (Jo 3:16), e afirmar com Paulo: "*Vivo, não mais eu, mas Cristo vive em mim*" (Gl 2:20).

O nosso erro trágico nos dias de hoje é minimizar – "*E qual a sobre-excelente grandeza do seu poder sobre nós, os que cremos*" (Ef 1:19) – o mesmo poder que Ele exerceu ao ressuscitar Cristo dentre os mortos! Satisfazer-se com a mediocridade, render-se aos seus vícios, sucumbir ao mundo e conformar-se com uma vida insípida que se resume a fumar charutos e beber cerveja é anular o poder do Jesus Crucificado e Ressurreto, e a total suficiência de Sua obra redentora. O Cristo em nós é não apenas a nossa esperança da glória futura, mas também uma presença transformadora em nosso interior, que promete: *"Aquele que crê em mim também fará as obras que eu faço, e as fará maiores do que estas"* (Jo 14:12).

A ALEGRIA DA RESSURREIÇÃO DE CRISTO

Madre Teresa escolheu viver sua vida entre os seres humanos mais afligidos da Terra. No entanto, ela era capaz de dizer: "Nunca permita que nada o encha de tristeza a tal ponto de fazê-lo esquecer da alegria do Cristo Ressuscitado"[3].

Jesus Cristo Ressuscitado dentro os mortos é a fonte, a razão e a base da alegria inexplicável da vida cristã. Ele é o Senhor da dança – a dança dos vivos. Ele é o Senhor do riso, e o nosso riso é o eco da sua vida ressurreta dentro de nós. Na Segunda-Feira de Páscoa, os monges ortodoxos sentam-se em seu monastério durante todo o dia contando piadas e rindo até ficarem com as bochechas doendo.

É o Senhor da Glória ressuscitado que nos diz com soberana autoridade: Bem-aventurados são vocês, os que agora riem, porque podem trazer a alegria da Páscoa a outros. Bem-aventurados são vocês se puderem rir de si mesmos, recusarem-se a se levar a sério, e não permitirem que seus sofrimentos e hérnias de hiato tornem-se o centro de suas vidas . Bem-aventurados são vocês se puderem alegrar--se em toda a criação de Meu Pai: no sol e no surf, na neve e nas estrelas, no marlin azul e no pintarroxo de peito vermelho, em Paul Cézanne, Olívia Newton--John, em escalope de vitela, no amor de um homem ou mulher, e na presença do Espírito Santo dentro de vocês. Bem-aventurados são vocês se tiverem se desembaraçado de tudo que os acorrenta ao passado, de tudo que os aprisiona hoje no seu pequenino eu, e de tudo que os atemoriza com a incerteza do amanhã. Bem-aventurados são vocês que riem agora, porque vocês são livres!

Subestime o amor do Jesus Crucificado e Ressurreto, e a sombra da vergonha, da culpa e do medo escurecerá tudo ao nosso redor, sem demora.

Se o Jesus histórico deu início ao Caminho que para sempre identificará os Seus verdadeiros discípulos, o Cristo Ressurreto impulsiona as vidas de Seus seguidores.

Notas

CAPÍTULO 1:

1. BARRON, R. *That I May See: A Theology of Transformation*. Nova York: Crossroad Publishing, 1998. p. 159-60.

CAPÍTULO 2:

1. MILTON, J. *Paradise Regained*. Livro Três, linhas 49-51.

2. Redução da expressão inglesa "Young Urban Professional", ou seja, Jovem Profissional Urbano. O termo "yuppie" descreve um conjunto de atributos e traços de comportamento que vieram a constituir um estereótipo comum nos EUA para referir-se a jovens profissionais entre os 20 e os 40 anos de idade, geralmente de situação financeira intermediária. (N. T.)

3. Famoso musical americano dos anos 1970 que traz uma visão moderna do Evangelho de São Mateus,

ambientado em Nova York. (N. T.)

4. MARTIN, M.. *Jesus Now*. Nova York: E.P. Dutton, 1973.

5. BURGHARDT, W. J.. *Still Proclaming Your Wonders*. Nova York: Paulist Press, 1984. p. 140.

6. PHILLIPS, J. B. *Your God Is To Small*. Nova York: Macmillan, 1987.

7. Extraído do livro de Brennan Manning, *The Signature of Jesus*. Sisters: Multnomah, 1996. p. 159-62.

8. BERRIGAN, D. *Isaiah: Spirit of Courage, Gift of Tears*. Minneapolis: Fortress Press, 1996. p. 33-34.

CAPÍTULO 3:

1. JOHNSON, L. T. *The Real Jesus*. São Francisco: Harper San Francisco, 1996. p. 157-58.

CAPÍTULO 4:

1. Gestual da liturgia católica, na qual se dobra o joelho direito até o chão em atitude de adoração a Deus. (N. T.)

2. CLAIRVAUX, B. *Oh, Loving God, Treatises II*. Kalamazoo, Miss.: Cistercian Publications, 1980. p. 106.

3. Extraído do livro de Brennan Manning, *Lion and*

Lamb: The Relentless Tenderness of Jesus. Grand Rapids: Chosen Books, 1986. p. 29, 33-34.

CAPÍTULO 5:

1. STELLA, T. *The God Instinct.* Notre Dame: Sorin Books, 2001. p. 112.

CAPÍTULO 6:

1. BARRON, R. *That I May See: A Theology of Transformation.* Nova York: Crossroad, 1998. p. 216.
2. LEWIS, C. S. *Surprised by Joy.* Nova York: Harcourt Brace Jovanovich, 1984. p. 226.
3. Madre Teresa. *In the Heart of the World: Thoughts, Stories & Prayers (Becky Benenate ed.).* Novato: New World Library, 1997.

INFORMAÇÕES SOBRE NOSSAS PUBLICAÇÕES
E ÚLTIMOS LANÇAMENTOS

Cadastre-se no site:

www.editoraagape.com.br

e receba mensalmente nosso boletim eletrônico.